Doris B. Salah

Die bunte Welt der Farblinge

EDITION BUKHARA

Weiterführende Literatur zum Thema finden Sie im Internet unter
www.bukhara-versand.de

Bibliografische Information der Deutschen Nationalbibliothek

Die Deutsche Nationalbibliothek verzeichnet diese Publikation in der Deutschen Nationalbibliographie; detaillierte bibliographische Daten sind im Internet über http://dnb.ddb.de abrufbar.

ISBN: 978-3-941910-09-6

1. Auflage
2017

© Edition Bukhara
ISBN: 978-3-941910-09-6
Hamza Wagner, 72116 Mössingen
www.edition-bukhara.de

Autorin: Doris B. Salah
Korrektorat: Satz- & Verlagsservice Ulrich Bogun
Inspiriert von zentangle
Illustration und Design: Doris B. Salah
Papier: säurefrei, aus chlorfrei gebleichtem Zellstoff hergestellt; alterungsbeständig

Printed in the EU

Liebe Leserin, lieber Leser!

Rassismus hat in der Weltgeschichte bereits zu oft seinen traurigen Abdruck hinterlassen. Es ist äußerst wichtig, dass wir uns bewusst dagegen entscheiden und alle unsere Mitmenschen respektieren und gleichermaßen gut behandeln.

Für ein buntes, bereicherndes Miteinander!

Für meine geliebten Kinder

An dieser Stelle möchte ich gerne meinen Testlesern
– speziell Tanja und den prüfenden Kindergärten –
meinen Dank für die Anregungen aussprechen.

Es handelt sich hier um eine rein fiktive Geschichte. Handlung und handelnde Personen sind völlig frei erfunden.
Jede Ähnlichkeit mit toten oder lebenden Personen oder Persönlichkeiten des öffentlichen Lebens ist nicht beabsichtigt
und wäre rein zufällig.

Hast du schon einmal vom Planeten Klexidus gehört? Man erzählt sich, dass er einst weit entfernt von unserer Erde lag.
Angeblich war er nicht sehr groß, trotzdem wurde er in einzelne Länder unterteilt.

So gab es das schöne **Rotland**, sowie **Blauland**, **Gelbland** und **Schwarzland**, **Grünland** und auch **Weißland**.

Die Bewohner der Länder – die **Farblinge** – waren fröhliche kleine Wesen.

Jeder, der dort lebte, besaß spezielle Fähigkeiten:

Früher lebte jeder **Farbling** im Land seiner eigenen Farbe. So wohnten die **Rotlinge** immer in **Rotland**, die **Blaulinge** in **Blauland**, die **Gelblinge** in **Gelbland**, und so weiter, und so weiter.

Dann kam eine Zeit, wo sie auch in andere Länder fuhren. Sie wollten sich gerne gegenseitig besuchen und einander helfen. Schließlich brauchte man überall Künstler, Handwerker, Gärtner, Köche, Tierflüsterer und natürlich auch Zauberer.

Nach und nach lebten immer mehr **Farblinge** in anderen Ländern:

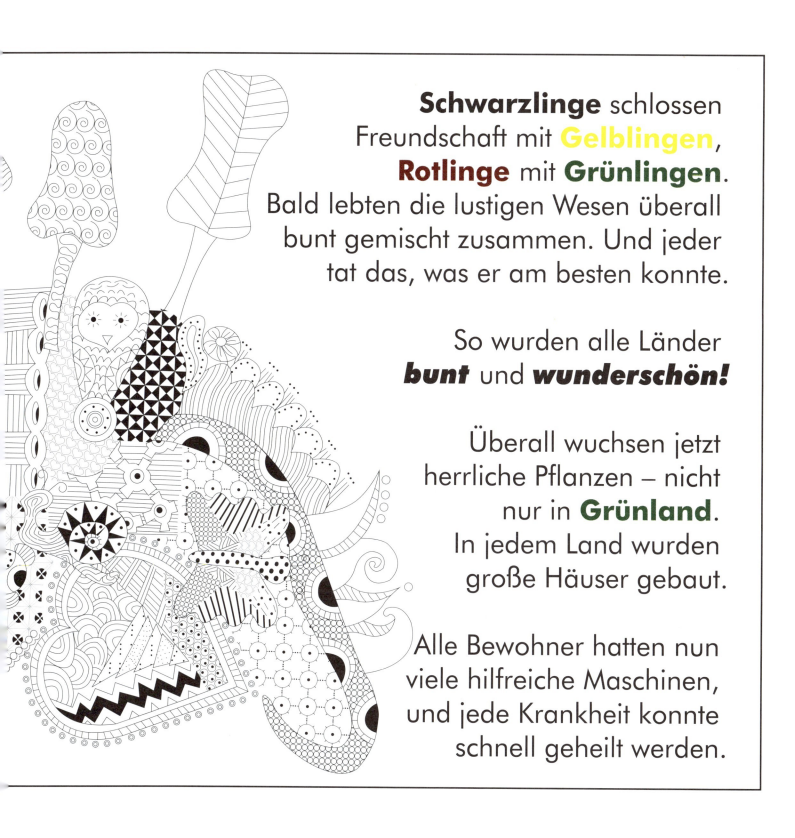

Schwarzlinge schlossen Freundschaft mit **Gelblingen**, **Rotlinge** mit **Grünlingen**. Bald lebten die lustigen Wesen überall bunt gemischt zusammen. Und jeder tat das, was er am besten konnte.

So wurden alle Länder ***bunt*** und ***wunderschön!***

Überall wuchsen jetzt herrliche Pflanzen – nicht nur in **Grünland**. In jedem Land wurden große Häuser gebaut.

Alle Bewohner hatten nun viele hilfreiche Maschinen, und jede Krankheit konnte schnell geheilt werden.

Eines Tages hielt der König der Weißlinge eine ernste Ansprache:

„Überall herrscht eine grässliche Unordnung!

Wir Weißlinge brauchen sowieso
keine anderen in unserem Land.

Wir Zauberer können alles ganz alleine.

Hiermit befehle ich also, dass alle
Farblinge in ihre eigenen Länder
zurückgehen sollen.

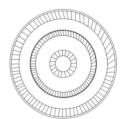

Die Farben müssen wieder sauber
getrennt werden!"

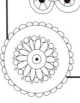

Zuerst fanden die **Farblinge** diese Idee überhaupt nicht gut.

„Wir wollen hier bleiben!", riefen einige **Blaulinge**, die in **Grünland** wohnten.

Und manche **Gelblinge** weinten: „Ach wie schade! Wir haben uns schon so an die **Rotlinge** gewöhnt."

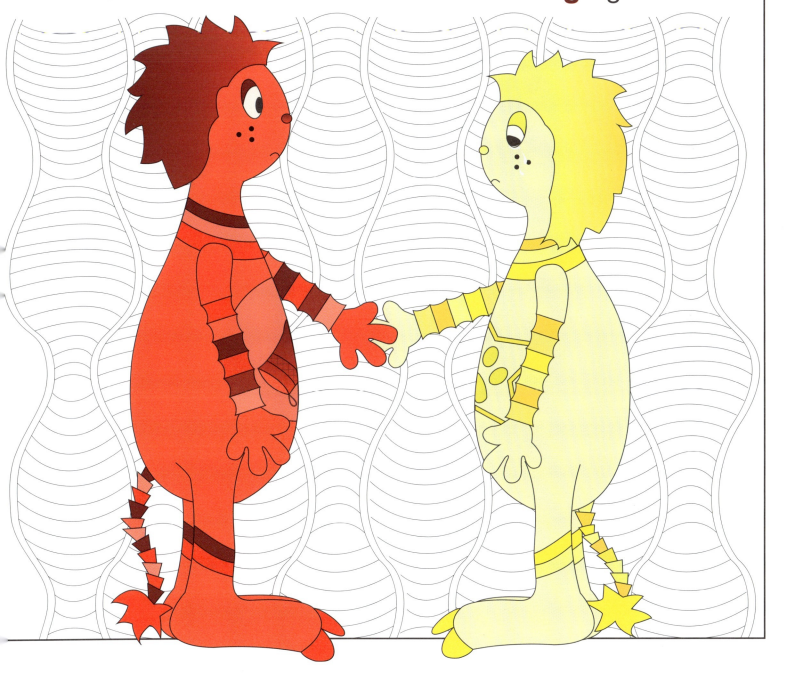

Doch am Ende fuhr jeder Bewohner in das Land seiner eigenen Farbe zurück.

Natürlich freuten sie sich ihre Familien und Freunde wiederzusehen. Deshalb waren die Farblinge, als sie wieder zu Hause waren, gar nicht mehr traurig.

Leider sah es jedoch einige Zeit später in den Ländern nicht mehr so schön aus wie früher.

Nur noch wenige gesunde Bäume und Blumen waren zu sehen, außer in **Grünland**.

Jede Menge Häuser sollten ausgebessert oder neu gebaut werden, außer in **Schwarzland**.

Sehr viele **Farblinge** waren krank, außer in **Weißland**.

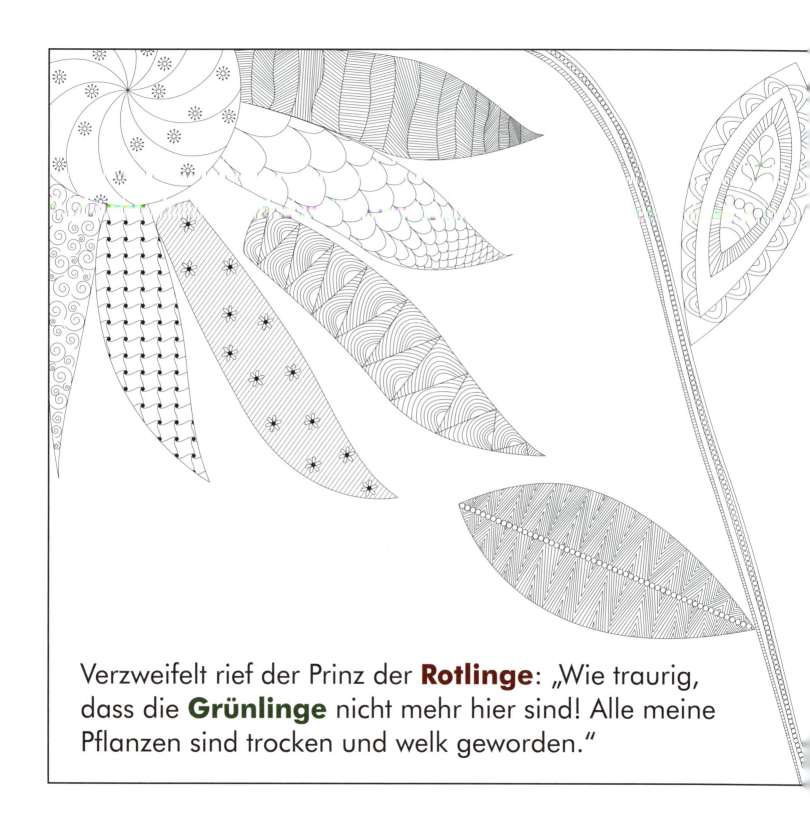

Verzweifelt rief der Prinz der **Rotlinge**: „Wie traurig, dass die **Grünlinge** nicht mehr hier sind! Alle meine Pflanzen sind trocken und welk geworden."

Auch die Prinzessin der **Grünlinge** war unglücklich. „Oh, wenn doch nur die **Rotlinge** hier wären. Ich sehne mich nach ihren abwechslungsreichen Speisen!"

Die Königin der **Schwarzlinge** jammerte ebenfalls: „Die Tiere machen allesamt nur Unsinn und wollen keinem von uns gehorchen! Wären doch nur die **Gelblinge** hier. Sie könnten ganz leicht mit dieser frechen Bande fertig werden!"

In **Gelbland** beklagte sich der König mürrisch: „Die Arbeit geht viel zu langsam voran. So viele Maschinen sind kaputt geworden. Sie können sicher nur von den **Schwarzlingen** repariert werden!"

Oft konnte man die **Blaulinge** bedrückt seufzen hören: „Die **Weißlinge** könnten unsere Kranken mit Leichtigkeit heilen! Ach wären sie nur hier."

Und sogar in **Weißland** beklagte man sich: „Wie sollen wir denn nur unsere Häuser schmücken? Jetzt, wo die **Blaulinge** uns keine prachtvollen Bilder mehr malen, sieht es hier so trostlos aus."

So kam es, dass alle **Farblinge** unglücklich über das neue Leben waren und sich beschwerten.

Die Völker aller Länder waren ***unzufrieden***!

Also suchten die Könige angestrengt nach einer Lösung.

Sie trafen sich zu einer Besprechung im Schloss des Königs von Weißland.

„Was sollen wir nur tun?", fragten sie.

„Die **Farblinge** lassen sich kaum noch beruhigen. Sie vermissen ihre Freunde, die schönen Pflanzen, die praktischen Maschinen, die lustigen Bilder und auch das leckere Essen!"

Plötzlich kam die winzig kleine Tochter des Königs von Weißland unter dem Tisch hervor.

„Papa", piepste sie. „Du musst sie alle wieder herkommen lassen.

Wir **brauchen** viele Farben,
sonst ist es doch nicht bunt!"

Die Könige starrten die kleine Prinzessin mit offenen Mündern an.

„*Unfassbar!*",

platzte der König von **Schwarzland** heraus.

„Das Kind hat vollkommen recht!"

Eine Weile sagte keiner etwas, doch dann klatschten sie alle kräftig in die Hände.

„Genauso machen wir es!"

Die gute Nachricht verbreitete sich in Windeseile und viele **Farblinge** reisten wieder in die anderen Länder.

Nach wenigen Wochen war das Leben auf dem Planeten Klexidus wieder

wunderschön bunt!

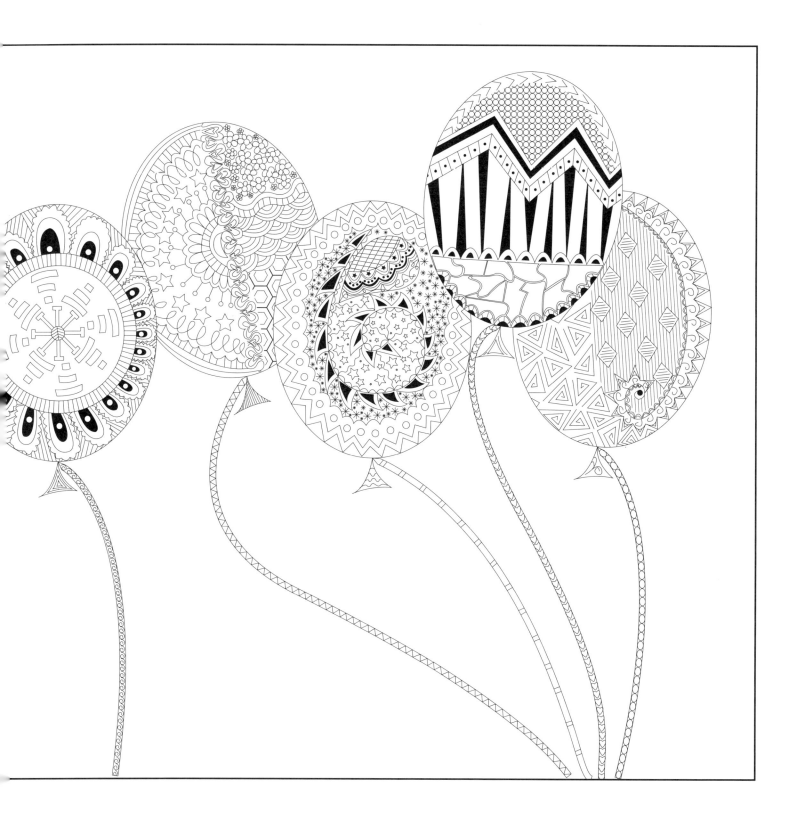

Seither lebten alle **Farblinge** wieder zusammen –

Möchtest du diese Muster nachzeichnen oder lieber eigene Verzierungen erfinden?